Livre de Recette pour friteuse Ninja à double compartiment

Le Guide Gourmand de la Friteuse à Air Ninja Foodi Dual Zone

Anna GAINES

Table des matières

Bienvenue dans le monde de la cuisine moderne et de la praticité avec le Livre de Recettes pour la Friteuse à Air Ninja Foodi à Double Compartiment ! Si vous êtes prêt à explorer de délicieuses possibilités culinaires, alors vous êtes au bon endroit. Cette friteuse à air innovante à double compartiment offre une expérience de cuisson polyvalente, rapide et saine, et ce livre a été spécialement conçu pour vous guider à travers un voyage gustatif inédit.

Découvrez une variété de recettes alléchantes, des en-cas croustillants aux repas principaux savoureux, en passant par des desserts gourmands, le tout créé pour tirer le meilleur parti de votre friteuse à air Ninja Foodi. Que vous soyez un chef expérimenté ou que vous commenciez tout juste à explorer les plaisirs de la cuisine, les instructions claires et les astuces utiles de ce livre vous accompagneront à chaque étape, vous permettant de créer des plats délicieux et équilibrés pour vous et vos proches.

Préparez-vous à transformer votre façon de cuisiner avec des recettes créatives, des combinaisons de saveurs surprenantes et des résultats croustillants et dorés qui raviront vos papilles. Alors, laissez-vous inspirer et plongez dans l'univers délicieux de la friteuse à air Ninja Foodi à Double Compartiment.

Bon appétit !

Nuggets de tofu croustillants avec des frites de patate douce

Ingrédients pour 4 portions

Pour la pâte

- 60 ml de lait
- 2 cuillères à soupe de farine sans gluten

Pour l'enrobage de chapelure

- ½ tasse de chapelure
- 1 cuillère à café de paprika
- ½ cuillère à café d'ail en poudre
- Sel et poivre, selon le goût

Pour les frites de patate douce

- 400 g de patate douce, pelée et coupée en tranches de 1 cm d'épaisseur
- 2 cuillères à café de paprika
- ½ cuillère à café d'ail en poudre
- ½ cuillère à café de poudre de piment
- Sel et poivre, selon le goût
- 1 cuillère à soupe d'huile d'olive

Pour les nuggets de tofu croustillants

- 1 bloc de tofu ferme de 280 g, égoutté selon les instructions de l'emballage
- 2 cuillères à soupe de maïzena
- 2 cuillères à café de paprika
- 1 cuillère à café d'ail en poudre
- Sel et poivre, selon le goût

Préparation

Mélangez la maïzena, le paprika, l'ail en poudre, le sel et le poivre dans un bol.

Coupez le tofu en morceaux, puis mélangez chaque morceau au mélange de maïzena pour l'enrober.

Trempez ensuite le tofu dans le mélange de lait, puis dans la chapelure, en veillant à ce que chaque morceau soit bien enrobé.

Placez les patates dans un grand saladier avec l'assaisonnement et l'huile d'olive. Mélangez-les pour obtenir un mélange homogène.

Insérez la plaque à croustiller dans les deux tiroirs. Disposez les morceaux de tofu dans la zone 1, puis insérez le tiroir dans l'appareil. Placez les frites de patates douces dans la zone 2 et insérez le tiroir dans l'appareil.

Sélectionnez la zone 1, sélectionnez **AIR FRY** et réglez la température sur 200 °C et le temps sur 20 minutes.

Sélectionnez la zone 2, sélectionnez **AIR FRY**, puis réglez la température sur 180 °C et le temps sur 15 minutes.

Lorsque la zone 2 atteint 10 minutes, retirez le tiroir et secouez-le, puis reprenez la cuisson. Au bout de 15 minutes, vérifiez les frites. Elles peuvent avoir besoin de 5 minutes supplémentaires si vous les voulez plus croustillantes.

Servez les nuggets de tofu et les frites de patate douce avec du ketchup ou de la sauce piquante — savourez !

Bouchées de chou-fleur et patates douces avec salade de chou

Ingrédients pour 4 portions

Pour les bouchées de chou-fleur :

- 400 g de chou-fleur
- 150 g de farine tout usage
- 1 cuillère à café de poudre d'oignon
- 1 cuillère à café de poudre d'ail
- 1 cuillère à café de cumin moulu
- 1 cuillère à café de paprika
- Sel et poivre noir fraîchement moulu, selon le goût
- 300 ml de lait
- 100 g de chapelure panko
- 30 ml d'huile de tournesol
- 90 ml de sauce Buffalo

Pour les patates douces :

- 4 x 175 g de patates douces
- 1 cuillère à soupe d'huile d'olive
- 1 cuillère à café de flocons de sel de mer

Pour la salade ranch :

- 120 g de mayonnaise
- 60 g de vinaigrette ranch

- 1 cuillère à soupe de vinaigre de cidre
- 1 cuillère à soupe de graines de pavot
- Sel et poivre, selon le goût
- 200 g de chou rouge ou blanc finement tranché
- 1 pomme à peau rouge, évidée et finement tranchée
- 1 branche de céleri, finement tranchée
- 1 cuillère à soupe de persil plat, haché
- 1 cuillère à soupe de ciboulette, hachée

Préparation

Coupez le chou-fleur en fleurons de 2,5 cm.

Mettez la farine, l'oignon, l'ail, le cumin et le paprika dans un bol et assaisonnez selon votre goût. Incorporez progressivement le lait en fouettant jusqu'à l'obtention d'une pâte lisse.

Mettez la chapelure panko dans un autre bol.

Trempez les bouquets de chou-fleur dans la pâte à frire pour les enrober, puis mélangez-les à la chapelure jusqu'à ce qu'ils soient bien enrobés.

Piquez les patates douces à l'aide d'une fourchette ou d'une pointe de couteau sur plusieurs temps. Enduisez la peau des patates d'huile d'olive et saupoudrez de sel de mer.

Installez la plaque à croustiller dans les deux tiroirs. Ajoutez les bouchées de chou-fleur dans le tiroir de la zone 1 et les patates douces dans le tiroir de la zone 2 et insérez-les dans l'appareil. Sélectionnez la zone 1, sélectionnez **AIR FRY**, réglez la température sur 180 °C et réglez le temps sur 25 minutes. Sélectionnez la zone 2, sélectionnez **AIR FRY**, réglez la température sur 200 °C et réglez le temps sur 30 minutes. Sélectionnez **SYNC**. Sélectionnez **START/STOP** pour commencer.

Pendant ce temps, mélangez l'huile et la sauce Buffalo. Lorsque la zone 1 atteint 15 minutes, retirez le tiroir et arrosez le chou-fleur avec le mélange de sauce Buffalo. Retournez les patates douces en même temps. Réinsérez les tiroirs pour reprendre la cuisson.

Dans un grand bol, fouettez la mayonnaise, la vinaigrette ranch, le vinaigre, les graines de pavot et l'assaisonnement. Ajoutez le chou, la pomme, le céleri et les herbes dans le bol et mélangez avec la vinaigrette jusqu'à ce qu'ils soient uniformément enrobés.

Servez les bouchées de chou-fleur avec la patate douce et la salade de chou.

Chou frisé croquant

Ingrédients pour 6 portions

- **1 petit chou-fleur**
- **1 tête de chou frisé**
- **1 cuillère à soupe d'huile d'olive**
- **4 cuillères à soupe de harissa**
- **1 pincée de sel**
- **1 filet de tahini**
- **½ citron**

Préparation

Préparez le chou-fleur en fleurettes et hachez le chou frisé en morceaux de la taille d'une bouchée. Enlevez le noyau central coriace

Mélangez les deux avec l'harissa, l'huile d'olive et le sel de mer.

Faites cuire dans la friteuse Ninja sur le mode **ROAST** à 190 °C pendant 8 minutes jusqu'à ce que les légumes soient croustillants.

Un filet de tahini et un filet de jus de citron sont les seuls ingrédients dont vous aurez besoin pour assaisonner ce plat si riche en saveurs.

Bouchées de steak aux champignons

Ingrédients pour 4 portions

- 650 g de faux-filet
- 4 cuillères à soupe d'huile d'olive, divisées
- 1 cuillerée à café de sauce soja
- 2 gousses d'ail écrasées, divisées
- 1 cuillère à café d'herbes mélangées séchées
- 1 cuillère à café de sel
- ¼ de cuillère à café de poivre
- 400 g de champignons de châtaigne, entiers

Préparation

Enlevez la graisse du steak et coupez-le en cubes de 2,5 cm de côté. Placez-les dans un grand bol. Essuyez les champignons avec une serviette en papier humide et placez-les dans un autre bol. Si les champignons sont grands, coupez-les en deux.

Dans un petit bol, mélangez l'huile d'olive, la sauce soja, l'ail et les herbes. Répartissez ce mélange sur le steak et les champignons.

Insérer la plaque à croustiller dans les deux tiroirs. Ajouter le steak dans le tiroir de la zone 1 et les champignons dans le tiroir de la zone 2, puis insérer les deux tiroirs dans l'appareil.

Sélectionnez la zone 1, sélectionnez **AIR FRY**, réglez la température sur 200 °C et réglez le temps sur 12 minutes. Sélectionnez la zone 2, sélectionnez **AIR FRY**, réglez la température sur 200 °C et réglez le temps sur 9 minutes. Sélectionnez **SYNC**. Appuyez sur la touche **START/STOP** pour commencer la cuisson. Lorsque les zones 1 et 2 atteignent 5 minutes, secouez les deux tiroirs. Lorsque le temps de cuisson est terminé, utiliser des pinces recouvertes de silicone pour retirer les aliments. Garnissez de persil et servez avec une salade.

Aubergine panée à la sauce Katsu

Ingrédients pour 4 portions

Pour la sauce Katsu

- 2 cuillères à soupe d'huile d'olive
- 1 oignon, coupé en dés
- 2 carottes, pelées et coupées en morceaux
- 2 branches de céleri, finement émincées
- 4 gousses d'ail pelées et coupées en tranches
- 2 pouces de gingembre, pelés et hachés
- 1 pomme Pink Lady, coupée en morceaux
- 2 cuillères à soupe bombées de curry en poudre
- ½ cuillère à café de curcuma en poudre
- ½ cuillère à café de gingembre
- ½ cuillère à café de cannelle
- 1½ cuillère à café de sel marin
- 400 ml de lait de coco en boîte
- 400 ml d'eau
- 2 cuillères à soupe de sirop d'érable
- 2 cuillères à soupe de vinaigre de riz
- 2 cuillères à soupe de sauce tamari

Pour l'aubergine panée et le tofu

- 1 aubergine moyenne
- 400 g de tofu
- 6 cuillères à soupe de farine

- **2 œufs battus**
- **16 cuillères à soupe de chapelure**
- **½ cuillère à café de sel marin**
- **2 cuillères à soupe d'huile d'olive ou de spray de cuisson**

Pour les frites

- **4 pommes de terre**
- **2 cuillères à soupe d'huile d'olive**
- **¼ de cuillère à café de sel de mer**

Préparation

Pour préparer la sauce katsu, faites chauffer l'huile d'olive dans une casserole à feu moyen. Une fois chaude, ajoutez l'oignon, la carotte et le céleri coupés en dés et faites-les revenir pendant 8 minutes.

Ajoutez l'ail, le gingembre et la pomme et continuez à faire revenir pendant 4 minutes supplémentaires. Remuez souvent.

Ajoutez ensuite le curry, le curcuma, le gingembre moulu, la cannelle moulue et le sel de mer. Remuez et faites sauter pendant 2 minutes

Ajoutez enfin le lait de coco, l'eau, le sirop d'érable, le vinaigre de riz, la sauce tamari et remuez bien. Portez à un léger frémissement et laissez cuire à feu doux/moyen sans couvercle pendant 25 à 30 minutes.

Laissez refroidir avant de mixer la sauce jusqu'à ce qu'elle soit lisse et brillante. Cette sauce se réchauffera parfaitement au moment de servir.

Pour préparer l'aubergine et le tofu panés, coupez l'aubergine en rondelles de 1 cm d'épaisseur et le tofu en formes assorties de 1 cm.

Préparer trois bols pour paner : un avec de la farine, un avec de l'œuf battu et un avec de la chapelure assaisonnée.

Trempez chaque morceau d'aubergine et de tofu dans la farine, puis dans l'œuf et enfin dans la chapelure. Notez que l'aubergine aura besoin d'un double trempage. Vaporisez ou badigeonnez les morceaux d'huile.

Placez les plaques à croustiller dans les deux tiroirs. Placez l'aubergine et le tofu panés dans le tiroir de la zone 1, sélectionnez **AIR FRY**, réglez la température sur 180 °C et le temps sur 15 minutes.

Coupez les pommes de terre en gros morceaux, mélangez-les avec de l'huile d'olive et du sel de mer et placez-les dans le tiroir de la zone 2, sélectionnez **AIR FRY**, réglez la température sur 200 °C et le temps sur 18 minutes. Sélectionnez **SYNC**. Sélectionnez **START/STOP** pour commencer.

Au bout de 9 minutes, ouvrez les tiroirs et secouez ou retournez les aliments.

À la fin de la cuisson, déposez les frites dorées et les morceaux d'aubergine et de tofu croustillants sur des assiettes et nappez-les de sauce katsu. Servez avec de la laitue et un filet de citron vert.

Quartiers de camembert croustillants avec sauce aux canneberges

Ingrédients pour 4 portions

- 1 bloc de camembert (ou de brie) de 200 g, coupé en 12 morceaux
- 50 g de farine ordinaire
- 1 œuf battu
- 60 g de chapelure
- Poivre noir et sel
- 1 pot de 200 g de sauce aux canneberges
- 1 cuillère à soupe de vin rouge sec

Préparation

Placez la farine dans une assiette, l'œuf battu dans un bol et la chapelure mélangée à l'assaisonnement dans un autre bol.

Pour chaque tranche de camembert ou de brie, roulez dans la farine pour l'enrober, puis trempez-la bien dans l'œuf, et enfin roulez-la dans la chapelure pour l'enrober, puis réservez.

Une fois que tout a été préparé, placez 6 tranches dans chaque tiroir de votre friteuse Ninja. Réglez la température à 200 °C pour chaque zone et laissez cuire pendant 12 minutes sur le réglage **AIR FRY**, puis laissez-les opérer leur magie !

Pendant ce temps, mettez la sauce aux canneberges et le vin dans une casserole et faites chauffer à feu moyen pendant 5 minutes, puis retirez-les, laissez-les refroidir et placez-les dans un bol de service.

Une fois que les quartiers sont bien dorés, retirez-les et servez-les sur une assiette avec la sauce. Bonne dégustation !

Filets de poulet et cubes de pommes de terre rôties

Ingrédients pour 5 portions

Pour les filets de poulet

- 1 kg de blanc de poulet
- 300 g de chapelure panko
- 3 œufs (fouettés)
- Farine ordinaire
- Assaisonnement

Pour les pommes de terre

- 1 kg de pommes de terre grelots
- 140 g de pancetta en dés
- Huile d'olive
- Une poignée de branches de thym
- Paprika
- Ail en grains
- Sel et poivre
- Assaisonnement italien

Préparation

Coupez les pommes de terre en quatre et placez-les dans un bol, arrosez-les d'huile d'olive et assaisonnez-les avec l'ail en grains, l'assaisonnement italien, le paprika, le sel et le poivre.

Mélangez les pommes de terre avec l'assaisonnement et placez-les dans le tiroir de la zone 1 de la friteuse Ninja avec 3 branches de thym et la pancetta coupée en dés.

Dans une assiette creuse, mettez la farine. Dans une autre assiette creuse, placez les œufs battus et dans la dernière assiette creuse, la chapelure.

Coupez chaque blanc de poulet en mini filets, enduisez le poulet de farine, puis d'œuf et enfin de chapelure.

Placez les filets dans le tiroir de la zone 2 de la friteuse Ninja.

Allumez la friteuse. Sélectionnez la zone 1, **ROAST** à 180 °C pendant 25 minutes. Sélectionnez la zone 2, **AIR FRY** à 200 °C pendant 15 minutes. Sélectionnez **SYNC** puis **START**.

À mi-cuisson, ouvrez le tiroir 1 et mélangez les pommes de terre. Ouvrez ensuite le tiroir 2 et retournez chaque filet de poulet.

Une fois les deux tiroirs terminés, vérifiez que les pommes de terre et le poulet sont cuits à votre goût et ajustez la méthode de cuisson en conséquence.

Servez et savourez !

Salade de betteraves rôties avec sauce à la harissa

Ingrédients pour 4 portions

Pour les betteraves rôties

- 500 g de betteraves (pelées, coupées en morceaux de 2 cm)
- 1 x 400 g de pois chiches égouttés, rincés et séchés
- 1½ cuillère à soupe d'huile d'olive
- 1 cuillère à soupe de nectar d'agave
- 2 cuillères à café de cumin moulu
- 16 graines de gousses de cardamome verte (broyées dans un pilon et un mortier)
- 1¼ cuillère à café de sel marin
- ½ cuillère à café d'ail en poudre
- ¼ de cuillère à café de poivre noir moulu
- 1 zeste de citron

Pour la sauce

- 80 g de tahini
- 190 ml d'eau tiède
- 1 cuillère à soupe d'harissa rose
- 2 cuillères à café de nectar d'agave
- 1 gousse d'ail (pelée)
- 1 cuillère à café de vinaigre de vin rouge

- ¼ de cuillère à café de cumin moulu
- ½ cuillère à café de sel marin
- Jus de 1 citron entier

Pour la salade

- 100 g de graines de grenade
- 60 g de roquette
- 30 g de noix, grossièrement hachées
- 20 g de persil frais, grossièrement haché
- ½ cuillère à café de za'atar

Préparation

Mélangez tous les ingrédients pour les betteraves rôties dans un grand bol jusqu'à ce que tout soit bien enrobé.

Placez la plaque à croustiller dans le tiroir de la zone 1, puis ajoutez les légumes et réinsérez le tiroir dans l'appareil. Sélectionnez **ROAST**, réglez la température sur 180 °C et la durée sur 25 minutes. Sélectionnez **START/STOP** pour lancer la cuisson. Secouez le tiroir toutes les 10 minutes jusqu'à la fin du temps de cuisson. Retirez le tiroir et mettez-le de côté.

Placez les ingrédients de la sauce dans un mixeur et mixez jusqu'à obtention d'un mélange homogène. Commencez par le jus d'un demi-citron et ajoutez-en si vous le jugez nécessaire. Si vous préférez une sauce plus fine, ajoutez de l'eau.

Mélangez le mélange de betteraves grillées dans un grand saladier avec le reste des ingrédients de la salade, puis servez immédiatement en arrosant abondamment de sauce.

Poulet croustillant avec frites

Ingrédients pour 4 portions

- 600 g de pommes de terre, coupées en bâtonnets de 1 cm d'épaisseur
- 3 cuillères à soupe d'huile
- 4 tranches de bacon fumé
- 4 (170 g chacun) blancs de poulet
- 50 g de cheddar râpé
- 4 cuillères à soupe de sauce BBQ
- Sel de mer

Préparation

Faites tremper les pommes de terre coupées dans de l'eau froide pendant 30 minutes pour éliminer l'excès d'amidon. Égouttez-les bien, puis épongez-les avec une serviette en papier jusqu'à ce qu'elles soient bien sèches.

Pendant ce temps, enroulez les blancs de poulet pour leur donner une forme nette et enveloppez-les de bacon. Fixez-les à l'aide d'un bâton à cocktail.

Placez les frites avec l'huile dans un grand bol à mélanger ; mélangez pour combiner avec au moins ½ cuillère à soupe d'huile. Pour des résultats plus croustillants, utilisez jusqu'à 3 cuillères à soupe d'huile.

Insérez une plaque à croustiller dans les deux tiroirs. Placer les blancs de poulet dans la zone 1, puis insérer le tiroir dans l'appareil. Placer les frites dans la zone 2, puis insérer le tiroir dans l'appareil.

Sélectionnez la zone 1, sélectionnez **ROAST**, réglez la température sur 180 °C et réglez le temps sur 25 minutes. Sélectionnez la zone 2, sélectionnez **AIR FRY**, réglez la température sur 200 °C et réglez le temps sur 25 minutes. Sélectionnez **SYNC**. Sélectionnez **START/STOP** pour commencer.

Lorsque le temps de la zone 1 atteint 10 minutes, retirez le tiroir de l'appareil et recouvrez le poulet de fromage. Réinsérez le tiroir pour poursuivre la cuisson.

Lorsque le temps de la zone 2 atteint 10 minutes, retirez le tiroir de l'appareil et secouez-le pendant 10 secondes. Remettre le tiroir en place pour poursuivre la cuisson.

Lorsque le temps de la zone 2 atteint 20 minutes, secouez le tiroir pendant 10 secondes. Réinsérez le tiroir pour poursuivre la cuisson pendant 5 minutes supplémentaires si nécessaire. Saupoudrez de sel de mer pour servir

Lorsque le temps de la zone 1 atteint 0, vérifiez que le poulet est cuit. La cuisson est terminée lorsque la température interne atteint au moins 75 °C sur un thermomètre à lecture instantanée. Servez le poulet arrosé de sauce BBQ et de frites.

Filets de saumon à la sauce soja

Ingrédients pour 2 portions

- 2 x 150 g de filets de saumon

Pour la marinade

- 2 cuillères à soupe de sauce soja
- 1 cuillère à café d'huile de sésame
- 1 cuillerée à café de sucre roux
- 1 tige de citronnelle, finement tranchée
- 2 gousses d'ail, écrasées
- 2 cm de gingembre, râpé
- 1 pincée de poivre noir
- 1 pincée de flocons de piment

Pour la garniture

- ½ piment rouge finement émincé
- Quelques feuilles de coriandre, finement émincées
- 1 pincée de graines de sésame
- 200 g de haricots verts fins
- 200 g de tomates cerises
- 1 cuillère à soupe d'huile

Préparation

Dans un plat peu profond, mélangez les ingrédients de la marinade. Ajoutez le saumon et retournez-le pour l'enduire de marinade des deux côtés. Recouvrez de tranches de piment, de coriandre et de graines de sésame. Placez au réfrigérateur et laissez mariner pendant 1 heure.

Pendant ce temps, dans un bol, mélangez les haricots verts et les tomates. Insérez les plaques à croustiller dans les deux tiroirs. Ajoutez les filets de saumon dans le tiroir de la zone 1, les haricots et les tomates dans le tiroir de la zone 2 et insérez les tiroirs dans l'appareil.

Sélectionnez la zone 1, sélectionnez **AIR FRY**, réglez la température sur 200 °C et réglez le temps sur 10 minutes. Sélectionnez la zone 2, sélectionnez **AIR FRY**, réglez la température sur 200 °C et réglez le temps sur 8 minutes. Sélectionnez **SYNC**. Sélectionnez **START/STOP** pour commencer. Lorsque le tiroir de la zone 2 atteint 4 minutes, secouez le tiroir.

Lorsque la cuisson est terminée, transférez le saumon et les légumes dans une assiette et servez avec des nouilles ou du riz. Décorez de feuilles de coriandre si vous le souhaitez. Servez immédiatement.

Bâtonnets de poisson avec pommes de terre

Ingrédients pour 4 portions

- **400 g de filets de cabillaud en morceaux**
- **50 g de farine ordinaire**
- **Zeste d'un citron, divisé**
- **Sel et poivre**
- **1 gros œuf battu**
- **50 g de chapelure sèche**

Pour les pommes de terre

- **500 g de pommes de terre nouvelles, avec la peau**
- **2 cuillères à soupe d'huile d'olive**
- **1 cuillère à soupe de jus de citron**
- **1 cuillère à soupe de feuilles de thym**
- **1 gousse d'ail écrasée**
- **Sel de mer en flocons et poivre**

Préparation

Enlevez la peau des filets. Coupez le cabillaud en gros morceaux d'environ 2,5 cm x 10 cm.

Préparez trois bols peu profonds pour l'enrobage des bâtonnets. Une assiette avec la farine, la moitié du zeste de citron et l'assaisonnement mélangés. Une assiette avec l'œuf et une autre avec la chapelure.

Trempez les doigts de morue d'abord dans le mélange de farine, puis dans l'œuf et enfin dans la chapelure. Insérez une plaque à croustiller dans les deux tiroirs et vaporisez la plaque du tiroir de la zone 1 avec de l'huile. Placez les bâtonnets de poisson dans le tiroir. Vaporisez d'huile

Si les pommes de terre sont trop grosses, les couper en deux. Dans un bol, mettez l'huile d'olive, le jus de citron, le zeste de citron, le thym, l'ail et le sel. Ajoutez les pommes de terre et mélangez-les pour vous assurer qu'elles sont bien enrobées dans le mélange d'huile. Placer les pommes de terre dans le tiroir de la zone 2 et insérer les deux tiroirs dans l'appareil.

Sélectionnez la zone 1, sélectionnez **AIR FRY**, réglez la température sur 210 °C et réglez le temps sur 15 minutes. Sélectionnez la zone 2, sélectionnez **ROAST**, réglez la température sur 180 °C et réglez le temps sur 20 minutes. Sélectionnez **SYNC**. Appuyez sur la touche **START/STOP** pour commencer la cuisson. Lorsque les zones 1 et 2 atteignent 10 minutes, retourner les doigts de poisson et secouer les pommes de terre. Lorsque le temps de cuisson est terminé, utilisez des pinces recouvertes de silicone pour retirer les aliments dans un plat de service

Servez immédiatement avec de la salade, de la sauce tartare, des quartiers de citron et du persil.

Steaks avec pommes de terre Hasselback

Ingrédients pour 4 portions

- 2 steaks désossés
- 2 cuillères à café d'huile
- 1 cuillère à soupe d'assaisonnement pour steak

Pour les pommes de terre Hasselback

- 4 pommes de terre rousses
- 1 cuillère à soupe d'huile
- 1 cuillère à café de sel
- 1 cuillère à soupe de beurre salé, à température ambiante
- 2 cuillères à café d'ail haché
- 2 cuillères à café de persil frais haché

Préparation

Badigeonnez les deux côtés des steaks avec l'huile et assaisonnez-les avec l'assaisonnement pour steaks.

Placez une pomme de terre sur un plan de travail et posez les manches de deux cuillères en bois dans le sens de la longueur de chaque côté de la pomme de terre. Faites des fentes transversales le long de la pomme de terre, en les espaçant de quelques millimètres, en faisant attention de ne pas couper la pomme de terre complètement (les manches des cuillères vous empêcheront de couper jusqu'au bout). Répétez l'opération avec les autres pommes de terre.

Frottez les pommes de terre avec l'huile et assaisonnez avec du sel.

Dans un petit bol, mélangez le beurre, l'ail et le persil jusqu'à obtention d'un mélange homogène.

Installez une plaque à croustiller dans chacun des deux tiroirs. Placez les steaks dans le tiroir de la zone 1 et insérez le tiroir dans l'appareil. Placez les pommes de terre dans le tiroir de la zone 2 et insérez le tiroir dans l'appareil.

Sélectionnez Zone 1, sélectionnez **AIR FRY**, réglez la température sur 190 °C et réglez le temps sur 20 minutes.

Sélectionnez Zone 2, sélectionnez **BAKE**, réglez la température sur 190 °C et réglez le temps sur 30 minutes. Sélectionnez **SMART FINISH**. Appuyez sur **START/STOP** pour lancer la cuisson.

Lorsque les deux minuteries indiquent 6 minutes, appuyez sur **START/STOP**. Retirez le tiroir de la zone 1 et utilisez des pinces en silicone pour retourner les steaks. Réinsérez le tiroir dans l'appareil. Retirez le tiroir de la zone 2 et étalez le beurre aux herbes sur les pommes de terre, en veillant à faire pénétrer le beurre entre les tranches. Remettez le tiroir en place et appuyez sur **START/STOP** pour reprendre la cuisson.

Lorsque la cuisson est terminée, le steak doit être cuit à votre goût et les pommes de terre doivent être tendres lorsqu'on les pique avec une fourchette.

Retirez les steaks du tiroir et laissez-les reposer pendant 5 minutes avant de les trancher.

Pain perdu à la citrouille avec bacon torsadé

Ingrédients pour 4 portions

Pour le pain perdu

- 3 gros œufs
- 1 tasse de lait d'amande non sucré
- 1 tasse de purée de citrouille non sucrée en conserve
- 2 cuillères à café d'épices pour tarte à la citrouille
- ¼ tasse de sucre roux
- 1 cuillère à café d'extrait de vanille
- 6 tasses de cubes de pain
- 1 cuillère à café d'huile végétale
- ¼ tasse de sirop d'érable

Pour le bacon

- 2 cuillères à soupe de sucre roux
- ⅛ cuillère à café de poivre de Cayenne
- 8 tranches de bacon

Préparation

Dans un bol peu profond, fouettez les œufs, le lait d'amande, la purée de citrouille, les épices pour tarte à la citrouille, le sucre roux et la vanille.

Ajoutez les cubes de pain au mélange d'œufs, en veillant à ce que le pain soit entièrement enrobé de mélange. Laissez reposer pendant au moins 10 minutes pour permettre au pain d'absorber le mélange.

Dans un petit bol, mélangez le sucre roux et le poivre de Cayenne.

Disposez le bacon sur une planche à découper en une seule couche. Saupoudrez uniformément les bandes avec le mélange de sucre roux. Pliez la bande de bacon en deux dans le sens de la longueur. Tenez fermement une extrémité du bacon et tordez l'autre extrémité pour que le bacon ressemble à une paille.

Badigeonnez le tiroir de la zone 1 avec l'huile. Versez le pain perdu dans le tiroir de la zone 1, arrosez-le de sirop d'érable et insérez le tiroir dans l'appareil. Installez une plaque à croustiller dans le tiroir de la zone 2, ajoutez les torsades de bacon en une seule couche et insérez le tiroir dans l'appareil. Pour une meilleure tenue, disposez les torsades de bacon en travers de l'appareil, d'avant en arrière.

Sélectionnez la zone 1, sélectionnez **BAKE**, réglez la température sur 170 °C et réglez le temps sur 35 minutes.

Sélectionnez Zone 2, sélectionnez **AIR FRY**, réglez la température sur 200 °C et réglez le temps sur 12 minutes. Sélectionnez **SMART FINISH**. Appuyez sur **START/STOP** pour commencer la cuisson.

Une fois la cuisson terminée, transférez le bacon sur une assiette recouverte de papier absorbant. Laissez refroidir pendant 2 à 3 minutes avant de servir avec le pain perdu.

Pilons de poulet avec chou frisé croustillant

Ingrédients pour 4 portions

- 1 cuillère à soupe de piment en poudre
- 2 cuillères à café de paprika fumé
- ¼ de cuillère à café de sel
- ¼ de cuillère à café d'ail en poudre
- ¼ de cuillère à café de poivre noir moulu
- 2 cuillères à café de sucre roux
- 4 pilons de poulet
- 1 tasse de sauce barbecue

Pour les choux frisés

- **5 tasses de chou frisé, sans les tiges ni les nervures, si nécessaire**
- **½ cuillère à café d'ail en poudre**
- **½ cuillère à café de sel**
- **¼ de cuillère à café de poivre noir moulu**

Préparation

Dans un petit bol, mélangez le chili en poudre, le paprika fumé, le sel, l'ail en poudre, le poivre noir et le sucre roux. Frottez le mélange d'épices sur tout le poulet.

Installez une plaque à croustiller dans chacun des deux tiroirs. Ajoutez les pilons de poulet dans le tiroir de la Zone 1 et insérez le tiroir dans l'appareil. Ajoutez le chou frisé dans le tiroir de la Zone 2, saupoudrez-le d'ail en poudre, de sel et de poivre noir, puis insérez le tiroir dans l'appareil.

Sélectionnez la Zone 1, sélectionnez **BAKE**, réglez la température à 200 °C et réglez le temps sur 20 minutes.

Sélectionnez la Zone 2, sélectionnez **AIR FRY**, réglez la température à 150 °C et réglez le temps sur 15 minutes. Sélectionnez **SMART FINISH**. Appuyez sur **START/STOP** pour commencer la cuisson.

Lorsque le minuteur de la Zone 1 affiche 5 minutes, appuyez sur **START/STOP**. Retirez le tiroir et badigeonnez les pilons de poulet de sauce barbecue. Réinsérez le tiroir et appuyez sur **START/STOP** pour reprendre la cuisson.

Lorsque la cuisson est terminée, le poulet devrait être bien cuit et les choux frisés seront croustillants. Servez chaud.

Pain de viande avec mélange de légumes

Ingrédients pour 4 portions

Pour le pain de viande

- 1 gros œuf
- ¼ tasse de ketchup
- 2 cuillères à café de sauce Worcestershire
- ½ tasse de chapelure
- 1 cuillère à café de sel
- 450 g de dinde hachée
- 1 cuillère à soupe d'huile

Pour le mélange de légumes

- 2 carottes, coupées en fines tranches
- 2 tasses de haricots verts, équeutés
- 2 tasses de fleurons de brocoli
- 1 poivron rouge, coupé en lanières
- 2 cuillères à soupe d'huile
- ½ cuillère à café de sel
- ½ cuillère à café de poivre noir moulu

Préparation

Dans un grand bol, fouettez l'œuf. Incorporez le ketchup, la sauce Worcestershire, la chapelure et le sel. Laissez reposer pendant 5 minutes pour permettre à la chapelure d'absorber un peu d'humidité.

Mélangez délicatement la dinde jusqu'à incorporation. Façonnez le mélange en un pain de viande. Badigeonnez d'huile.

Dans un grand bol, mélangez les carottes, les haricots verts, le brocoli, le poivron, l'huile, le sel et le poivre noir. Bien mélanger pour enrober les légumes d'huile.

Installez une plaque à croustiller dans chacun des deux tiroirs. Placez le pain de viande dans le tiroir de la Zone 1 et insérez le tiroir dans l'appareil. Placez les légumes dans le tiroir de la Zone 2 et insérez le tiroir dans l'appareil.

Sélectionnez la Zone 1, sélectionnez **ROAST**, réglez la température à 180 °C et réglez le temps sur 30 minutes.

Sélectionnez la Zone 2, sélectionnez **AIR FRY**, réglez la température à 200 °C et réglez le temps sur 20 minutes. Sélectionnez **SMART FINISH**. Appuyez sur **START/STOP** pour commencer la cuisson.

Lorsque la cuisson est terminée, le pain de viande sera bien cuit et les légumes seront tendres et rôtis.

Citrouille rôtie sucrée

Ingrédients pour 4 portions

- **1 petite citrouille culinaire (500 g), évidée de ses graines et de ses entrailles, pelée, coupée en quartiers de 2 centimètres**
- **2 cuillères à soupe d'huile d'olive**
- **2 cuillères à café de cannelle moulue**
- **¼ cuillère à café de clous de girofle moulus**
- **¼ cuillère à café de noix de muscade moulue**
- **4 cuillères à soupe de sucre roux**
- **2 cuillères à café de sel**

Préparation

Dans un grand bol, ajoutez tous les ingrédients sauf la citrouille et mélangez jusqu'à obtenir une répartition uniforme. Ajoutez les quartiers de citrouille et mélangez jusqu'à ce qu'ils soient bien enrobés.

Insérez une plaque à croustiller dans les deux tiroirs. Répartissez la citrouille entre les deux tiroirs, puis insérez-les dans l'appareil. Sélectionnez la Zone 1, sélectionnez **AIR FRY**, réglez la température à 180 °C et réglez le temps sur 15 minutes. Sélectionnez **MATCH**. Appuyez sur **START/STOP** pour commencer la cuisson.

Au bout de 7 minutes, secouez les deux tiroirs. Après 10 minutes, vérifiez si la cuisson est suffisante. La cuisson est complète lorsque la citrouille est tendre et dorée. Une fois cuite, servez immédiatement.

Muffins aux myrtilles et au citron

Ingrédients pour 12 portions

- **200 g de farine avec levure incorporée**
- **1 cuillère à café de levure chimique**
- **½ cuillère à café de sel**
- **Zeste d'1 citron**
- **125 g de sucre roux**
- **100 ml d'huile végétale**
- **100 ml de yaourt nature**
- **2 gros œufs, battus**
- **100 g de myrtilles**

Préparation

Tamisez la farine, la levure chimique et le sel dans un grand bol. Faites un puits au centre.

Incorporez le zeste de citron, le sucre, l'huile, le yaourt, les œufs et continuez à remuer jusqu'à ce que l'huile soit incorporée. Ajoutez les myrtilles.

Insérez une plaque croustillante dans les deux tiroirs.

Placez 4 à 6 caissettes à muffins double épaisseur dans chaque tiroir (en fonction de la taille des caissettes à muffins), répartissez la pâte entre les caissettes à muffins. Sélectionnez la zone 1, sélectionnez **BAKE**, réglez la température à 160 °C et réglez le temps sur 20 minutes. Sélectionnez **MATCH**. Appuyez sur **START/STOP** pour commencer la cuisson.

Après 15 minutes, vérifiez si les muffins sont cuits à cœur. La cuisson est complète lorsque vous insérez un cure-dent au centre et qu'il en ressort propre. Retirez les muffins du tiroir et laissez-les refroidir sur une grille pendant 5 minutes avant de les servir.

Muffins au chocolat et à l'orange

Ingrédients pour 8 portions

- 170 g de farine sans gluten
- 40 g de poudre de cacao
- 100 g d'édulcorant
- 1 cuillère à café de levure chimique
- 2 œufs
- 150 ml de lait
- Zeste et jus d'une orange
- 75 g de chocolat à l'orange, coupé en morceaux

Pour le glaçage

- 200 g de fromage frais
- 4 cuillères à soupe de poudre de cacao
- 4 cuillères à soupe de sucre glace
- Un filet de jus d'orange

Préparation

Mélangez la farine dans un bol avec la poudre de cacao, l'édulcorant et la levure chimique.

Fouettez les œufs, le lait, le zeste et le jus d'orange, puis versez sur les ingrédients secs et mélangez pour obtenir une pâte. Incorporez les morceaux de chocolat.

Placez 6 caissettes à muffins épaisses dans chaque tiroir de votre Ninja, répartissez la pâte entre elles jusqu'au sommet. Sélectionnez la zone 1, sélectionnez **BAKE**, réglez la température à 170 °C et réglez le temps sur 20 minutes. Appuyez sur **START/STOP** pour commencer la cuisson.

Vérifiez la cuisson à l'aide d'un cure-dent. Si c'est le cas, retirez-les du tiroir et placez-les sur une grille pour les laisser refroidir.

Pendant ce temps, battez ensemble le fromage frais, la poudre de cacao, le sucre glace et le jus d'orange, puis réfrigérez jusqu'à utilisation.

Répartissez un peu de glaçage sur chaque muffin refroidi, garnissez de tranches de clémentines et saupoudrez de pépites de cacao. Dégustez !

Muffins à la banane

Ingrédients pour 12 portions

- 200 g de farine avec levure incorporée
- 1 cuillère à café d'épices mélangées
- ½ cuillère à café de sel
- 2 bananes mûres, avec la peau
- 200 g de sucre roux
- 100 g d'huile végétale
- 2 gros œufs, battus
- 1 cuillère à café d'extrait de vanille
- 50 g de pépites de chocolat
- 100 g de caramel épais
- 12 chips de banane séchées pour décorer

Préparation

Tamisez la farine, les épices mélangées et le sel dans un bol.

Dans un grand bol, pelez et écrasez les bananes jusqu'à obtenir une purée lisse. Ajoutez le sucre, l'huile, les œufs, l'extrait de vanille et fouettez jusqu'à ce que l'huile soit incorporée.

Ajoutez lentement les ingrédients secs aux bananes et fouettez continuellement pour bien mélanger, incorporez les pépites de chocolat.

Sans insérer de plaque à croustiller, placez 6 caissettes à muffins double épaisseur dans chaque tiroir, répartissez la pâte entre les caissettes à muffins en les remplissant aux trois quarts. Sélectionnez la zone 1, sélectionnez **BAKE**, réglez la température à 160 °C et réglez le temps sur 15 minutes. Sélectionnez **MATCH**. Appuyez sur **START/STOP** pour commencer la cuisson.

Lorsque le temps de la zone 1 atteint 5 minutes, vérifiez si les muffins sont cuits à cœur. La cuisson est complète lorsque vous insérez un cure-dent au centre et qu'il en ressort propre. Retirez les muffins du tiroir et laissez-les refroidir sur une grille pendant 5 minutes avant de les servir. Garnissez chaque muffin d'une cuillerée de caramel et d'une chip de banane.

Brownies au beurre de cacahuète et au chocolat

Ingrédients pour 10 portions

- 80 g de beurre de cacahuète, divisé
- 40 g de beurre
- 120 g de chocolat noir, divisé
- 175 g de sucre roux
- 2 gros œufs, battus
- 60 g de farine avec levure incorporée
- 30 g de cacao en poudre

Préparation

Vaporisez le tiroir de la zone 1 (sans plaque à croustiller installée) avec un spray de cuisson ou de l'huile, et tapissez le fond d'une feuille de papier sulfurisé.

Réservez 40 g de beurre de cacahuète et 30 g de chocolat. Cassez le chocolat noir en morceaux, ajoutez-le dans une casserole avec le beurre de cacahuète et le beurre. Faites fondre doucement et laissez refroidir. Pendant ce temps, dans un grand bol, fouettez ensemble le sucre et les œufs jusqu'à obtenir une consistance épaisse et crémeuse comme de la crème de salade. Ajoutez le mélange de chocolat et fouettez ensemble.

Tamisez la farine et le cacao en poudre dans le bol et incorporez-les avec une grande cuillère en métal. Versez la préparation à brownies dans le tiroir doublé préparé. Faites fondre le beurre de cacahuète au micro-ondes pendant 40 secondes. Arrosez le dessus du brownie avec le beurre de cacahuète fondu.

Insérez le tiroir de la zone 1 dans l'unité. Sélectionnez la zone 1, sélectionnez **BAKE**, réglez la température à 160 °C et réglez le temps sur 40 minutes. Appuyez sur **START/STOP** pour commencer la cuisson.

Lorsque la zone 1 atteint 5 minutes, vérifiez si le brownie est cuit à cœur. La cuisson est complète lorsque le brownie est moelleux au toucher au centre.

Faites fondre le chocolat restant au micro-ondes pendant 20 secondes, remuez, puis 20 secondes et remuez à nouveau. Arrosez le chocolat fondu sur le dessus du brownie. Laissez refroidir dans le tiroir.

Laissez refroidir avant de soulever en utilisant le papier sulfurisé comme une poignée. Coupez en carrés.

Printed in France by Amazon
Brétigny-sur-Orge, FR

17311695R00027